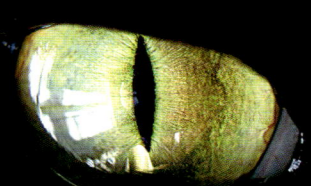
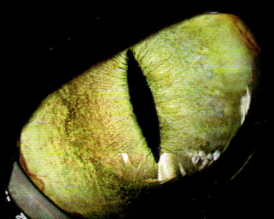

FSC

Mix

Produktgruppe aus vorbildlich
bewirtschafteten Wäldern und
anderen kontrollierten Herkünften

Zert.-Nr. SA-COC-001976
www.fsc.org
© 1996 Forest Stewardship Council

© 2010 Esslinger Verlag J.F. Schreiber
Anschrift: Postfach 10 03 25, 73703 Esslingen
www.esslinger-verlag.de
Alle Rechte vorbehalten
Text: Dr. Jens Poschadel und Antje Möller
Illustration: Kirsten Schlag
Layout: Jenny Alber
ISBN 978-3-480-22628-3

Geschöpfe der Dunkelheit

Grottenolm, Glühwürmchen & Co

esslinger

Inhaltsverzeichnis

Gliedertiere

Tiere in Höhlen

Tiere in der Tiefsee

... in anderen Tieren

Eigene Expeditionen

Glossar Alle Wörter mit einem * werden im Glossar auf Seite 60 noch einmal ganz genau erklärt.

Nachtaktivität?

Wir Menschen und viele andere Lebewesen sind tagaktiv und nutzen die Nachtstunden als Erholungsphase. Das Sonnenlicht macht uns – meist – munter. Bei nachtaktiven Tierarten ist es genau umgekehrt: Wenn die Nacht hereinbricht, kommen sie aus ihren Verstecken.

Anders als in den Tropen vollzieht sich der Übergang vom Tag zur Nacht in unseren Breitengraden ganz allmählich. Dieses Zwielicht wird als Dämmerung bezeichnet. Tierarten, die in dieser Zeit auf Nahrungssuche gehen, sind dämmerungsaktiv.

▲ *Von dem unter anderem in Mexiko heimischen* Salmler Astyanax mexicanus, *einem unscheinbaren Schwarmfisch, existiert auch eine vollkommen augen- und pigmentlose Höhlenform: der Blinde Höhlensalmler. Nahrung findet er dank eines hervorragend ausgebildeten Geruchs- und Tastsinnes.*

Leben im Verborgenen

Nicht nur Nachttiere sind zumeist unsichtbar. Zahllose Arten können wir nicht beobachten, weil sie Öko-systeme besiedeln, die dauerhaft im Dunkeln liegen: Manche bauen ausgeklügelte Gangsysteme im Erdreich, andere verbringen ihr Leben in Höhlen oder in den licht-losen Tiefen der Ozeane.

▲ Wildkaninchen *sind in Mitteleuropa weit verbreitet. Sie legen ausgedehnte unterirdische Bauten mit mehreren Ein- und Ausgängen an, die bis zu 45 Meter lang sein können. In der Morgendämmerung kann man Wildkaninchen mitunter beim Sonnenbaden beobachten. Bei Gefahr pfeifen sie und trommeln mit ihren kräftigen Hinterbeinen auf den Boden.*

Lebenslang Nachtschicht

Die Konkurrenz um Futter ist im Tierreich riesengroß und die Nahrungssuche sehr energieaufwendig. Um Futterrivalen zu meiden, suchen einige Tiere nachts nach Nahrung. In der Finsternis werden sie kaum gesehen und können selbst ungestört auf die Suche gehen. Doch Vorsicht ist trotzdem geboten: Auch manches Raubtier geht nachts auf die Jagd! In Wüstenregionen herrscht tagsüber extreme Hitze. Nachts ist es kühler und feuchter. Fast alle Wüstenbewohner sind nachtaktiv, um sich vor Austrocknung zu schützen. Ebenso bevorzugen Amphibien und Schnecken die Nacht, denn ihre Haut ist sehr empfindlich. Auch die Menschen beeinflussen den Rhythmus ihrer Mitgeschöpfe. Bejagte Tierarten sind vorwiegend dämmerungs- und nachtaktiv. Die Dunkelheit bietet ihnen zumindest einen gewissen Schutz. Während der Schonzeiten sind sie auch tagsüber zu beobachten.

▲ Viele Schnecken sind nachtaktiv. So entgehen sie nicht nur ihren Feinden, sondern auch den austrocknenden Sonnenstrahlen. Die bei uns heimischen Schnirkelschnecken ziehen sich am Tage einfach in ihre Häuser zurück.

▲ Der Fennek, ein Wüstenbewohner, ist mit höchstens 1,5 Kilogramm Körpergewicht der kleinste aller Wildhunde. Die Tageshitze verschläft er in kleinen Gruppen in selbst gegrabenen Erdbauten. Bei Gefahr kann sich das scheue Tier blitzschnell in den weichen Wüstensand eingraben.

▲ Der Dachs ist unsere größte einheimische Marderart. Er gehört zu den echt nachtaktiven Tieren. Wenn man ihm in freier Wildbahn begegnet, hört man ihn zumeist eher, als dass man ihn sieht. Dachse schnaufen und schmatzen sich als Allesfresser* durch den nächtlichen Wald!

◄ Der Wolf ist sicher unser bekanntestes und zu Unrecht leider auch am meisten gefürchtetes Raubtier. Sein Ruf als blutgieriger Nutztier- und sogar Menschenjäger brachte ihn in weiten Teilen Europas durch intensive Bejagung an den Rand der Ausrottung. In Deutschland galt er bis etwa 1990 als ausgestorben. Heute vermehrt er sich auch hier wieder.

Supersinne

Nachtaktive Tiere sind mit besonders leistungsfähigen Sinnesorganen ausgestattet. Ihre Augen sind größer, außerdem verfügt ihre Netzhaut über eine riesige Anzahl lichtempfindlicher Sinneszellen*. Zusätzlich sind die Augen manchmal mit einer Art Spiegelschicht ausgestattet. Sie wirft das eingefallene Licht zurück, sodass die Sehzellen es mehrfach verwerten können. Solche Augen leuchten auf, wenn man sie nachts anstrahlt. Mit ihren großen, beweglichen Ohrmuscheln können Fledermäuse Schalwellen sehr wirkungsvoll zur Weiterleitung ins Mittelohr bündeln. Ein sehr sensibles Sinnesorgan sind die Tast- und Schnurrhaare (Vibrissen*). An ihren Wurzeln liegen viele Sinneszellen*. So erkennen die Nachttiere Form und Größe ihrer Beute.

▶ Einige *Schwanzlurcharten* nutzen ihre Lungen als Trommelfell. Das Organ gibt die Schwingungen an das Innenohr weiter und dieses übersetzt sie in Töne.

▼ *Nacktmulle* sind bis auf ihre am ganzen Körper verteilten Tasthaare völlig nackt. Dafür wachsen ihnen die Vibrissen* sogar im Inneren des Mauls.

◀ Fledermäuse wie die Wasserfledermaus haben ein besonderes System zur akustischen Wahrnehmung ihrer Umwelt entwickelt. Für die sogenannte Echoortung* stoßen sie Ultraschallwellen* aus, die an Hindernissen abprallen. Mithilfe des zurückgeworfenen Echos können sich die Tiere ein genaues Bild von ihrer Umwelt machen.

▲ Buschbabys oder Galagos gehören zu der ausschließlich in Afrika beheimateten Gruppe der Feuchtnasenaffen. Alle Arten der Familie sind als nachtaktive Jäger gut an ihren großen Augen zu erkennen.

Besondere Fähigkeiten

Gerüche verraten auch bei Dunkelheit, wo Nahrung oder attraktive Partner zu finden sind, und warnen vor Gefahren. Vor allem Nagetiere verfügen über äußerst feine Nasen. Ratten erkennen sogar, aus welcher Richtung ein bestimmter Duft kommt. Nachtfalter orientieren sich am Magnetfeld der Erde. Sitz und genaue Funktionsweise des Magnetsinns sind nicht eindeutig bekannt. Manche Tiere erzeugen ihr eigenes Licht: Biolumineszenz* nennt man dieses Phänomen des Leuchtens durch chemische Prozesse. Der Elektrosinn findet sich unter anderem bei Fischen. Mithilfe spezieller Organe erzeugen sie ein Spannungsfeld um ihren Körper, das ein elektrisches „Bild" von der Umgebung zeichnet. Andere Arten besitzen Sinneszellen*, mit denen sie die elektrischen Muskelspannungen anderer Lebewesen wahrnehmen. Um in der Nacht nach warmblütiger Beute jagen zu können, haben einige Schlangen- und Fledermausarten einen sehr feinen Thermosinn entwickelt.

Der Elefantenrüsselfisch setzt sein schwaches elektrisches Feld zur Ortung seiner Beute und zur Orientierung während seiner nächtlichen Streifzüge ein.

▲ *Alle Angehörigen der oft mehr als fünfzig Tiere umfassenden Familienverbände der Wanderratte können sich untereinander an ihrem individuellen Duft erkennen – eine großartige Sinnes- und Gedächtnisleistung!*

▲ Der in ganz Europa verbreiteten Zackeneule wird nachgesagt, dass sie sich unter anderem mithilfe des Erdmagnetfelds orientieren kann.

▶ Bei der Vampirfledermaus stellt der Nasenaufsatz ein feines Wärmesinnesorgan dar. Damit kann sie ein Beutetier auf 15 Meter Entfernung aufspüren und eine passende Bissstelle zum Blutsaugen ausmachen.

Säugetiere

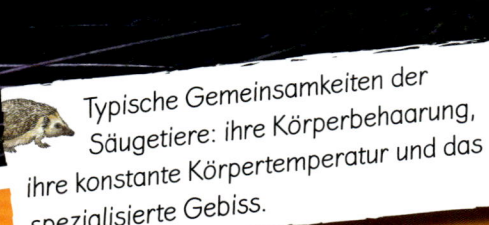

Typische Gemeinsamkeiten der Säugetiere: ihre Körperbehaarung, ihre konstante Körpertemperatur und das spezialisierte Gebiss.

Die Milch macht's: Säugetiere ernähren ihren Nachwuchs mit Milch, die von den Weibchen selbst produziert wird. Das Säugen der Jungen ist das auffälligste gemeinsame Merkmal dieser Tiergruppe, die sich erst nach dem Massenaussterben der Dinosaurier weltweit ausbreiten konnte. Heute kennen wir etwa 5.500 Säugetierarten. Das Spektrum reicht von der zwei Gramm leichten Hummelfledermaus bis hin zum 200 Tonnen wiegenden Blauwal. Übrigens: Auch das Eier legende Schnabeltier, die Beuteltiere und wir Menschen gehören zur großen Gruppe der Säugetiere.

Flughunde orientieren sich nachts mithilfe ihrer spezialisierten Augen. Fledermäuse dagegen erkunden ihre Umgebung per Echoortung*.

Typisch nachtaktiv

Zu den bekanntesten nachtaktiven Säugetieren gehören sicher die Fledertiere: Sowohl Fledermäuse als auch Flughunde sind hoch spezialisierte Nachttiere. Sie können als einzige Säugetiere aus eigener Kraft fliegen. Hierfür benutzen sie ihre Hände, deren Fingerknochen extrem verlängert sind. Dazwischen spannt sich eine Flughaut, die auch den Schwanz und die Füße mit einschließt. Nur der Daumen liegt frei und wird zum Klettern benutzt. Tagsüber ruhen Fledertiere gern kopfüber an den Füßen hängend in Baumhöhlen oder auch in Gebäuden.

▲ Mit vier bis fünf Zentimetern Körperlänge gehört das in Europa weit verbreitete **Braune Langohr** zu den mittelgroßen Fledermausarten. Seine Flügelspannweite beträgt 24 bis 29 Zentimeter. Das auffälligste Kennzeichen sind seine langen Ohren, die beim Schlafen nach hinten geklappt werden. Auf Nahrungssuche begibt sich das Braune Langohr erst bei völliger Dunkelheit. Es ist ein sehr wendiger Flieger und fängt seine Nahrung meist im Flug.

▲ Der in Südostasien beheimatete **Kalong** gehört zu den Flughunden und gilt mit einer Flügelspannweite von bis zu 170 Zentimetern als eines der größten Fledertiere weltweit. Dabei ist er vollkommen harmlos: Wie alle Flughunde ernährt er sich von Nektar, Früchten und Blüten.

Notgedrungen nachtaktiv

In Europa haben einige Säugetiere ihr Verhalten der Bedrohung durch den Menschen angepasst. Im Gegensatz zu unserem nachtaktiven Elbebiber baut der in der beinahe menschenleeren Wildnis Kanadas beheimatete Vetter seine Staudämme nämlich meist am Tage. Ähnliches gilt für einige weitere Vertreter unserer heimischen Säugetierfauna, zum Beispiel den Fischotter.

Haselmäuse bauen unterschiedliche Nester: So ist die Kinderstube für die zumeist fünf Jungen größer und weicher gepolstert als das Tagesnest der Junggesellen.

▲ Die Haselmaus verschläft den Tag in ihrem aus Zweigen, Blättern, Moos und Gras gebauten Kobel, den sie etwa zwei Meter hoch in Bäumen oder Büschen aufhängt. Der hellbraune Nager mit den großen, dunklen Knopfaugen erreicht eine Körperlänge von 15 Zentimetern, wovon der Schwanz die Hälfte ausmacht. Haselmäuse sind Allesfresser*, vertilgen neben pflanzlicher Kost auch Insekten und sogar Vogeleier.

◄ Hauptsächlich vertilgt der auch als Braunbrustigel bezeichnete Westeuropäische Igel Insekten wie Käfer oder Schmetterlingsraupen. Auch Regenwürmer, Tausendfüßer, Vogeleier und -küken sowie die Jungtiere mancher Säugetierarten stehen auf seinem Speiseplan.

▼ Das auffälligste Merkmal des nützlichen Stachelritters sind seine zwei bis drei Zentimeter langen braunen Stacheln mit ihren weißen Spitzen. Bis zu 8000 dieser umgewandelten Haare bedecken Rücken und Kopf.

19

Nachtaktive Exoten

Unter den sogenannten höheren Säugetieren gibt es eine Menge nachtaktiver Arten. Neben den Nagern und Fledertieren sind hier besonders die Katzenartigen zu nennen.

Die zumeist nachtaktiven Beuteltiere sind in Australien und Amerika beheimatet. Sie bringen lebende, aber wenig entwickelte Junge zur Welt, die sie mehrere Monate lang in ihrem Beutel umhertragen.

Doch die urtümlichste Gruppe bilden die in Australien und Neuguinea lebenden, durchweg nacht- und dämmerungsaktiven Kloakentiere. Zu ihnen gehören neben dem Schnabeltier noch vier Ameisenigelarten. Kloakentiere legen Eier, die in ihrem Beutel bebrütet werden. Ihren Namen verdankt die Gruppe der Tatsache, dass Geschlechts- und Ausscheidungsorgane in einem gemeinsamen Ausgang münden, der Kloake.

Der Name Ozelot leitet sich vom indianischen Wort „ocelotl" ab. Bei den Azteken spielte die bis zu einem Meter lange Katzenart eine wichtige Rolle: Ihre Krallen wurden bei religiösen Zeremonien getragen. Die geschickte Kletterin lebt in Mittel- und Südamerika. Die Fellmusterung ist von Tier zu Tier verschieden. Auf ihren nächtlichen Streifzügen erbeutet sie Nagetiere, Affen, kleine Hirsche und Faultiere, aber auch Vögel, Amphibien, Reptilien und Fische.

Die Redensart „to play possum" wird im Amerikanischen für Menschen verwendet, die sich unwissend oder dumm stellen.

▼ *Das Virginia- oder Nordopossum gehört zu den Beutelratten. Es ist von Costa Rica bis Südkanada verbreitet. Der Allesfresser* bringt bis zu zwanzig Junge zur Welt, die es jedoch nicht alle in den Beutel der Mutter schaffen. Ein besonderes Merkmal ist seine Reaktion auf Gefahr: Es stellt sich tot! Die völlige Erschlaffung seiner Muskulatur kann stundenlang anhalten.*

Männliche Schnabeltiere besitzen Giftstachel an den Hinterbeinen. Das Gift dient in der Paarungszeit zur Abwehr von Rivalen. Es verursacht beim Menschen extreme Schmerzen.

▶ Als das Schnabeltier in Australien entdeckt und sein Fell nach Europa geschickt wurde, dachte man dort, jemand hätte die Pelze mehrerer Tierarten zusammengesetzt. Eine Legende der Ureinwohner Australiens besagt, Schnabeltiere seien der Nachwuchs einer Ente und einer Schwimmratte. Tatsächlich sieht das Schnabeltier sehr ungewöhnlich aus. Der biegsame, lederartige Entenschnabel verfügt über Elektro- und Tastsinneszellen* zum Aufspüren der Nahrung.

Vögel

Die Vögel haben sich im Laufe der Evolution* erfolgreich an alle auf der Erde vorkommenden Lebensräume angepasst – sogar an das Wasser. Dabei haben sie eine große Formenvielfalt entwickelt. Der kleinste Vertreter der Vögel, die auf Kuba vorkommende Kolibriart mit dem schönen Namen „Bienenelfe", wiegt bei einer Körperlänge von sechs Zentimetern nur 1,6 Gramm. Ihr größter Vetter, der afrikanische Strauß, erreicht eine Körperhöhe von 2,75 Metern und wiegt bis zu 155 Kilogramm. Kein Wunder, dass er sich nicht mehr in die Lüfte erheben kann!

Der wichtigste Lebensraum der meisten Vögel ist allerdings die Luft. Einige Arten haben eine ungeheure Flugfähigkeit entwickelt. Mauersegler zum Beispiel schlafen sogar im Flug. Während der Insektenjagd können sie eine Höchstgeschwindigkeit von 200 Kilometern je Stunde erreichen.

▲ Das auffallendste Merkmal der äußerlich eher unauffälligen *Nachtigall* ist ihr lauter und wohltönender Gesang. Der spatzengroße Vogel wird deswegen häufig in der Literatur erwähnt. Sein vielfältiger Gesang setzt eine außerordentliche Gedächtnisleistung voraus.

Heilender Gesang

In Europa leben einige nachtaktive Vögel, deren auffällige Eigenschaften ihnen einen besonderen Ruf eingebracht haben. Dem melodischen Gesang der Nachtigall wurde früher eine schmerzlindernde und sogar heilende Wirkung zugeschrieben. Die nachtaktive Lebensweise sowie der als bohrend empfundene Blick der Eulenvögel mit ihren riesigen Augen brachte ihnen im Mittelalter den Ruf eines Dämonen- oder Hexenvogels ein.

Früher glaubte man, die Ziegenmelker würden an den Eutern von Nutztieren saugen. Daher rührt auch der Name. Heute weiß man, dass sie von Bremsen und Mücken angelockt werden, die sich in der Nähe von Schaf- und Ziegenherden aufhalten.

▲ Der auch als Nachtschwalbe bezeichnete *Ziegenmelker* schmiegt sich tagsüber regungslos an niedrige Baumzweige oder an den Boden. Nachts lässt das Männchen seinen grillenähnlichen, schnurrenden Gesang über große Entfernungen hören! Der Ziegenmelker ist in der Lage, vollkommen lautlos zu fliegen, und fängt dabei große Fluginsekten wie Käfer und Nachtfalter aus der Luft.

Die Vögel der Weisheit

Die meisten nachtaktiven Vogelarten gehören der Ordnung der Eulenvögel an. Sie sind weltweit mit etwa 140 Arten vertreten. Bei den Eulen bilden die Schleiereulen eine eigene Familie. Alle Eulen sind hervorragend an das Leben in der Dunkelheit angepasst. So besitzen sie zum Beispiel sehr große Augen, die auch noch das letzte bisschen Licht einfangen können. Ihren Kopf können sie um 270 Grad drehen, was ihnen eine Beinahe-Rundumsicht ermöglicht. Zudem ist ihr Gehör ausgesprochen gut. Eulen hören unvorsichtig raschelnde oder piepsende Mäuse auf große Entfernung. Die unterschiedlich hoch in ihrem Kopf gelegenen Gehörgänge ermöglichen ihnen zudem, die Herkunft dieser Geräusche sehr genau zu orten.

Der Uhu ist ein schneller und wendiger nächtlicher Jäger, auf dessen Speiseplan neben Enten, Raben und Habichten auch andere Eulenarten wie etwa der Waldkauz stehen. Er ist in der Lage, diese Vogelarten im Flug zu erbeuten.

Der Uhu ist mit Abstand die größte Eulenart. Er benötigt wegen seines großen Appetits riesige Jagdreviere. Zu seiner bevorzugten Beute gehören Säugetiere bis zur Größe von Füchsen sowie Vögel.

Ihr ruhiges Verhalten sowie der stete Blick ihrer großen Augen haben den Eulen im Griechenland des Altertums den Ruf großer Weisheit eingebracht.

▶ Die **Schleiereule** ist mit über 30 Unterarten beinahe auf der ganzen Welt verbreitet. Sie fehlt eigentlich nur in Gebieten, die ihr zu kalt sind, sowie in größeren Wüsten und Regenwäldern. Trotz ihrer kleinen Augen ist sie ein lautlos fliegender, sehr effektiver nächtlicher Mäusejäger. Ihren Namen verdankt sie dem hellen, herzförmigen Gesichtsschleier.

◀ Der Eulengesang des **Waldkauzes** ist in unseren nächtlichen Wäldern weithin hörbar. Die Jungen dieser mittelgroßen Eulenart verlassen nach ungefähr 30 Tagen die Bruthöhle. Sie können dann jedoch noch nicht fliegen. Sie werden daher, in Büschen oder auf niedrigen Bäumen hockend, als sogenannte Ästlinge* noch mindestens zwei Monate lang von ihren Eltern mit kleinen Säugetieren gefüttert.

Nachtaktive Vögel weltweit

Über die gesamte Erdkugel verteilt leben einige weitere nachtaktive Vogelarten. Die meisten von ihnen orientieren sich überwiegend mit den Augen. Es haben sich jedoch auch Spezialisten entwickelt, die ausgesprochen gut hören oder riechen können. Die Nachtaktivität hat meist zwei Gründe: Erstens jagen sie Beutetiere, die selbst nachtaktiv sind, und zweitens entgehen sie auf diese Weise ihren tagaktiven Fressfeinden*.

Neben dem nachtaktiven Vogel gibt es auch eine leckere Frucht mit dem Namen Kiwi. Außerdem bezeichnen sich die Einwohner des Neuseeländischen Inselstaates selbst als Kiwis.

Der in Neuseeland lebende Kiwi ist zugleich das Wappentier seiner Heimat. Anders als bei den meisten Vögeln sitzen bei diesem plumpen, flugunfähigen Vogel die Nasenlöcher an der Spitze seines langen Schnabels. Indem er ihn in den Boden bohrt, erschnüffelt der schlecht sehende Kiwi seine Nahrung.

▲ Ein besonders uriger und überaus seltener nachtaktiver Vogel ist der zu den Papageien zählende, flugunfähige *Kakapo*. Er bewohnt ein paar kleine, abgeschiedene Inseln des neuseeländischen Archipels. Der langsam und geradezu unbeholfen wirkende Vogel wurde durch eingeschleppte Ratten und Raubtiere beinahe ausgerottet.

▼ Die großen Augen des *Triels* verraten seine Nachtaktivität, denn dieser Watvogel geht bei Dunkelheit auf Nahrungssuche. Er ist in einigen Ländern Mitteleuropas äußerst selten und akut vom Aussterben bedroht.

Amphibien

Ihr Name verrät bereits, dass Amphibien ein Doppelleben führen: Das Wort stammt aus dem Griechischen und bedeutet so viel wie „auf beiden Seiten lebend".

Die Vorfahren der heute existierenden etwa 500 Amphibienarten haben vor ungefähr 360 Millionen Jahren den Schritt vom Wasser zum Landleben vollzogen. Dieser Schritt ist jedoch bis heute nicht ganz abgeschlossen, denn die meisten Amphibien (oder Lurche) benötigen Wasser für die Entwicklung ihrer Nachkommen. Sind sie erwachsen, verbringen sie den größeren Teil ihres Lebens auf dem Lande – aber oft nahe am Wasser oder in feuchten Verstecken.

◄ Der *Afrikanische Ochsenfrosch* kann bis zu 24 Zentimeter lang und 1,4 Kilogramm schwer werden. Er übersteht die Trockenzeit, indem er sich in Schlamm eingräbt. Seine Balzlaute erinnern an den Ruf von Rindern. Er kann bis zu 40 Jahre alt werden. Wird er angegriffen, springt er seinen Gegner an – sogar wenn dieser wesentlich größer ist als er selbst – und versucht ihn zu beißen.

▲ Der *Europäische Laubfrosch* ist rund ums Jahr dämmerungs- und nachtaktiv. In dieser Zeit sind seine Konzerte in naturnahen Feuchtgebieten oft kilometerweit zu hören. Dank sogenannter Haftballen unter den Füßen und besonders an den Enden seiner Zehen ist er ein guter Kletterer. Insbesondere während seiner Balzgesänge steigt er bis zu 20 Meter hoch auf die Bäume.

Phasenweise nachtaktiv

Amphibien sind also für ihre Fortpflanzung an Gewässer gebunden. Um diese zu erreichen, müssen sie mitunter lange Wanderungen auf sich nehmen. Während dieser Zeit sind sie besonderen Gefahren ausgesetzt. Die Lurche haben auch natürliche Feinde, denen sie aus dem Wege gehen, indem sie ihre Laichwanderungen überwiegend während der Abend- und Nachtstunden durchführen. Die Balzrufe vieler Amphibien locken zusätzlich Fressfeinde* an. Daher werden die Froschgesänge häufig auf die dunklen Stunden des Tages verlegt. Außerdem schützt die empfindliche Haut der Amphibien nicht allzu gut vor Austrocknung. Bei großer Hitze sind sie daher am Abend und in der Nacht aktiv.

Afrikanische Ochsenfrösche sind reine Fleischfresser*. In ihren riesigen Mäulern verschwinden Tiere, die annähernd so groß sind wie sie selbst: kleine Schlangen, Ratten und andere Frösche, auch der eigenen Art!

Amphibien zeichnen sich durch eine nackte, mehr oder weniger glitschige Haut aus. Manche Menschen ekeln sich vor ihnen. Das aber vollkommen zu Unrecht. Es gibt zwar einige Frösche und Kröten, die giftige Hautsekrete ausscheiden. Sie können dem Menschen aber nur dann gefährlich werden, wenn er sie anfasst. Und auch dann nur, wenn man sich die von den Amphibien abgesonderten Sekrete zum Beispiel in die Augen reibt.

Rotbauchunken werden auch als „Feuerkröten" bezeichnet. Während die Oberseite der kleinen Lurche unscheinbar gefärbt ist, besitzt ihre Unterseite eine orangerote und schwarze Färbung. Bei Bedrohung wölben die Tiere ihre Füße und ihren Körper so nach oben, dass ein Teil ihrer leuchtend gefärbten Unterseite sichtbar wird. Diese an ein kleines Boot erinnernde „Kahnstellung" schreckt so manchen Fressfeind* ab. Während der Balzzeit lassen die Tiere nachts ihre melancholischen Unkenrufe ertönen.

Schwanzlurche

Ungefähr 9 Prozent der weltweit bekannten Amphibienarten werden den Schwanzlurchen, also den Molchen und Salamandern, zugeordnet. Schwanzlurche werden nicht selten mit Eidechsen verwechselt. Anders als diese Reptilien besitzen sie jedoch keine schützenden Hautschuppen. Die einzelnen Molch- und Salamanderarten verbringen unterschiedlich lange zur Eiablage im Wasser. Dabei gilt allgemein, dass Salamander sich kürzer im Gewässer aufhalten als die Molche. Die Männchen der meisten Molcharten entwickeln während der Paarungszeit im Sommer ein farbenfrohes Prachtkleid. Spätestens im Herbst verlassen die Molche unserer Breiten das Wasser und suchen sich frostfreie, feuchte Verstecke nahe ihrem Heimatgewässer.

▲ Dem Kammmolch-Männchen wächst während der Paarungszeit ein hoher, gezackter Hautkamm auf Rücken und Schwanz. Mit bis zu 20 Zentimetern Körperlänge ist der Kammmolch unser größter heimischer Molch. Er ist so groß und räuberisch, dass er mitunter kleinere Vettern oder gar die Jungtiere der eigenen Art vertilgt. Seine Larve* besitzt äußere Kiemen. Sie sitzen wie kleine Tannenzweige hinter dem Kopf des werdenden Molches und versorgen ihn mit dem notwendigen Sauerstoff.

Blindwühlen

Die zahlenmäßig kleinste Ordnung innerhalb der Amphibien bilden die überwiegend tropisch und subtropisch verbreiteten Blindwühlen, auch Schleichenlurche genannt. Diese schlangenartigen Wesen sind hauptsächlich nachtaktiv. Sie haben diese Lebensweise gewählt, um ihren vielen Fressfeinden* aus dem Wege zu gehen. Ihr Name ist ein wenig irreführend, denn bei Weitem nicht alle Blindwühlen sind vollkommen blind und nur wenige wühlen sich in das Erdreich ein. Die Bezeichnung Schleichenlurch ist also treffender.

Nur die auch als Schleichenlurche bezeichneten Blindwühlen besitzen keine Extremitäten*. Sie bewegen sich schlängelnd fort und werden daher manchmal mit Schlangen oder Würmern verwechselt. Schleichenlurche besitzen, wie die Schwanzlurche auch, als erwachsene Tiere einen Schwanz.

▲ Die etwa 20-40 Zentimeter lange südamerikanische *Ringelwühle* lebt in unterirdischen Erdgängen. Zur Fortpflanzung legt sie ihre Eier einfach in den Boden. Ihre Jungen schlüpfen voll entwickelt, sie machen also keine Larvenphase durch. Die Ringelwühle ist somit vollständig unabhängig vom Wasser. Ihre Jungtiere ernähren sich zunächst zwei Monate lang von der Haut der Mutter. Sie knabbern einfach kleine Stücke davon ab. Die Haut regeneriert sich und wird dann von den Jungen erneut abgefressen. Dies ist vielleicht ein Grund dafür, dass sich Ringelwühlen nur alle zwei Jahre fortpflanzen.

Reptilien

Auch die vor etwa 65 Millionen Jahren von der Erde verschwundenen Dinosaurier zählten zu den Reptilien. Sie starben aller Wahrscheinlichkeit nach aus, als sich nach einem Meteoriteneinschlag das Klima plötzlich extrem veränderte.

Reptilien besiedeln unseren Planeten seit weit über 300 Millionen Jahren. Die ersten dieser Kriechtiere entwickelten sich aus den Amphibien. Sie sind aber heute weit besser an das Landleben angepasst als ihre Urahnen. Die beschuppte Haut schützt sie vor Austrocknung und vor vielen Fressfeinden*.

Reptilien haben eine abwechslungsreiche Arten- und Formenvielfalt entwickelt. Einige der zu den Echsen zählenden Taggeckos, Chamäleons, Leguane, Warane, Schildkröten und Eidechsen, aber auch viele Schlangenarten beeindrucken durch ihre große Farbenpracht.

◄ *Der gut getarnte Blattschwanzgecko verbringt den Tag auf Ästen liegend oder flach an den Stamm eines Baumes gepresst. Seine großen Augen und die typischen schlitzförmigen Pupillen sind Zeichen seiner Nachtaktivität.*

▲ *Die Gila-Krustenechse ist eine von nur drei giftigen Echsenarten auf der Welt. Mögliche Angreifer warnt sie durch ihre schwarz-gelbe Farbe. Dies ist hilfreich, da sie mitunter bereits in der Dämmerung auf die Jagd nach Kleinsäugern, Insekten und Würmern geht.*

Nachtaktive Kriechtiere

Für die nachtaktiven Reptilienarten wären bunte Farben natürlich eine Verschwendung. Sie ziehen sich lieber ein Tarnkleid an. So werden sie weder von ihren Feinden noch von ihrer Beute entdeckt. Manche Reptilien sind nachtaktiv geworden, weil sie sich auf Beutetiere spezialisiert haben, die bei Dunkelheit unterwegs sind. Echsen haben entweder einen besonders guten Geruchssinn oder aber sehr große Augen, um ihre Beute in der Finsternis aufspüren zu können.

▼ *Auch die in Seen und Flüssen Mittelamerikas beheimatete Tabascoschildkröte geht erst in der Nacht auf die Jagd nach Schnecken, Würmern, Larven* und kleinen Fischen. Die ausgesprochen seltene und vom Aussterben bedrohte Art kann bis zu 65 Zentimeter lang und 20 Kilogramm schwer werden.*

Schlangen sehen Wärme

Schlangen haben keine Beine, sondern bewegen sich schlängelnd fort. Viele Arten können aber auch sehr gut klettern oder schwimmen. Allen Schlangen ist gemeinsam, dass sie rein räuberisch leben. Sie haben einen ausgeprägten Geruchssinn. Meist jagen sie lebende Tiere, nur wenige fressen auch Aas* oder Eier. Neben einer Vielzahl harmloser Schlangenarten gibt es auch ausgesprochen giftige und solche, die einen erwachsenen Menschen erwürgen können. Zum Glück sind die in Europa heimischen Schlangenarten eher ungefährlich.

Die südostasiatische Mangroven-Nachtbaumnatter ist eine der wenigen giftigen Würgeschlangen. Sie jagt nachts oder bei Dämmerung, und zwar Vögel, Säugetiere, Echsen, Schlangen und Amphibien. Die bis zu 2,5 Meter lange, gelb-schwarze Natter lebt in den Regen- und Mangrovenwäldern der asiatischen Tropen. Am Tage versteckt sie sich in hohlen Baumstämmen oder zwischen Blättern.

Schlangen werden meist als bedrohlich empfunden. Schon in der Bibel spielt die Schlange keine sonderlich ruhmreiche Rolle. Ihre gespaltene Zunge, mit der sie Duftstoffe aus der Luft aufnimmt, brachte ihr das Attribut der Falschheit ein.

◄ Die mittelamerikanische Abgottschlange ist besser unter ihrem wissenschaftlichen Namen Boa constrictor bekannt. Die bis zu 3 Meter lange Würgeschlange wird von den Mexikanern als Botin der Götter verehrt. Die Boa schleicht sich nachts an ihre Beute heran, beißt blitzschnell zu und umschlingt sie sogleich mit ihrem gesamten Körper. Wie alle Würgeschlangen verweilt sie in dieser Position, bis ihr Opfer erstickt ist.

Durch ihr sogenanntes Grubenorgan*
können Schlangen die Wärme-
strahlen ihrer Beute „sehen". Sie sind
daher für die nächtliche Beutejagd bei
völliger Dunkelheit bestens ausgerüstet.

▶ Die bis zu 1,2 Meter lange
Küsten-Lyraschlange ist
in felsigen Kiefernwäldern
Mittelamerikas beheimatet. Sie
kommt auch in wüstenähnlichen
Gebieten vor und ist im Gebirge
noch in einer Höhe von 3500
Metern zu finden. Der schwach
giftige, nachtaktive Bodenbewohner
ernährt sich hauptsächlich von
Echsen, Schlangen, Kleinsäugern
und Vögeln.

Gliedertiere

Bis heute wurden über 350.000 Käferarten wissenschaftlich beschrieben – und jährlich kommen Hunderte neuer Arten hinzu. Der längste Käfer ist mit 17 Zentimeter Körperlänge der brasilianische Riesenbockkäfer, der schwerste mit über 100 Gramm Körpergewicht der afrikanische Goliathkäfer.

Unter Gliedertieren verstehen Wissenschaftler Lebewesen, deren Körper aus mehreren deutlich voneinander abgesetzten Gliedern bestehen. Darunter fallen einerseits die Ringelwürmer und andererseits die Gliederfüßer. Regenwürmer gehören zu den Ringelwürmern, aber auch so exotische Tiere wie der bis zu drei Meter lange australische Riesenregenwurm. Zu den Gliederfüßern zählt man das Riesenreich der Insekten sowie die Krebstiere, Entenmuscheln, Tausendfüßer und Spinnentiere. Kein Wunder, dass etwa 80 Prozent aller heute bekannten Tierarten Gliederfüßer sind!

▲ **Termiten** bilden riesige Staaten aus mehreren Millionen Mitgliedern. In den bis zu sieben Meter hohen Termitenbauten herrscht strikte Arbeitsteilung. Die Königin legt Eier und lässt sich bedienen, während ihre Arbeiter Futter herbeischaffen, den Bau erweitern oder ihn gegen Eindringlinge verteidigen.

Kleine Krabbler allüberall

Insekten bevölkern unseren Planeten bereits seit etwa 400 Millionen Jahren. Die Vielfalt des Insektenreiches kann man selbst erleben, wenn man sich einmal mit offenen Augen in eine sommerliche Blumenwiese setzt. Insekten haben immer sechs Beine, aber nicht alle von ihnen können fliegen. Bestimmte Insekten haben die ökologische Nische* der Nachtaktivität für sich entdeckt.

Die chemische Reaktion, mit der Glühwürmchen ihre Leuchtsignale erzeugen, nutzt die Energie mit einem Wirkungsgrad von 95 Prozent wesentlich besser aus als jede künstliche Lichtquelle.

▲ **Glühwürmchen**, die eigentlich zu den Leuchtkäfern gehören, senden ihre Lichtsignale aus, um Paarungspartner zu finden. Manche räuberischen Arten haben sich darauf spezialisiert, andere Glühwürmchen zu täuschen und sie aufzufressen, sobald sie sich von den betrügerischen Signalen anlocken lassen.

Bedrohliche Spinnentiere

Zu den grundsätzlich achtbeinigen Spinnentieren gehören neben den eigentlichen Spinnen, den Weberknechten, den Pseudoskorpionen, den Milben und Zecken auch die Skorpione. Alle Spinnentiere besitzen zwei oftmals gefährlich anmutende Kieferklauen. Die nachtaktiven Skorpione verfügen darüber hinaus über einen langen Schwanz, an dessen Ende ein Giftstachel sitzt. Diesen setzen sie bei ihren nächtlichen Beutezügen weniger zur Jagd als vielmehr zur Verteidigung ein.

Vor etwa 325 Millionen Jahren gab es Skorpione, die eine Körperlänge von mehr als 85 Zentimetern erreichten. Die heute vorkommenden Arten sind höchstens 25 Zentimeter lang.

▲ Die nachtaktive Spinne mit dem ungewöhnlichen Namen Ammen-Dornfinger kommt im südlichen Mitteleuropa vor. Sie ist beinahe die einzige mitteleuropäische Spinnenart, deren Biss für den Menschen zumindest schmerzhafte Folgen hat. Dank ihrer nächtlichen Lebensweise werden Menschen aber nur selten von ihr gebissen. Ammen-Dornfinger bauen keine Fangnetze, sondern jagen ihre Beute zu Fuß.

▲ Der Kaiserskorpion zählt zu den größten Arten seiner Familie. Sein Stich ist wie bei allen Skorpionen schmerzhaft, für den Menschen aber nicht bedrohlicher als ein Bienenstich. Weil diese imposante Art als stechfaul und insgesamt pflegeleicht gilt, wird sie häufig in Gefangenschaft gehalten.

Nicht alle Krebse erreichen die Größe der auf einigen Inseln der Indischen und Pazifischen Ozeane lebenden Palmendiebe. Mit einer Körperlänge von etwa 40 Zentimetern bei einem Gewicht von rund 4 Kilogramm schaffen es diese nachtaktiven Kolosse sogar, Kokosnüsse zu öffnen. Vor dem Verzehr von Palmendieben sollte man sich allerdings hüten: Sie speichern Giftstoffe aus ihrer Nahrung im Körper.

Die meeresbewohnende Japanische Riesenkrabbe gilt mit einer Beinspannweite von vier Metern als weltweit größtes Krebstier.

Geheimnisvolle Krebse

Die Krebstiere haben eine außerordentliche Formenvielfalt entwickelt. Viele von ihnen sind dämmerungs- und nachtaktiv oder leben in der lichtlosen Tiefsee. Neben den Krebsen und Krabben gehören zu dieser Gruppe auch die Seepocken, Entenmuscheln, Wasserflöhe und Asseln. Selbst unsere heimische Kellerassel ist ein Krebstier!

▲ Der auch als Europäischer Flusskrebs bezeichnete Edelkrebs ist mit bis zu 20 Zentimetern Körperlänge die größte europäische Süßwasser-Krebsart. Die scheuen Tiere wurden durch eine Pilzerkrankung beinahe ausgerottet. In freier Natur können sie bis zu 20 Jahre alt werden. Tagsüber verbergen sie sich unter Wurzeln, Holz oder Steinen.

Tiere in Höhlen

In Höhlen herrscht ganzjährig ein konstantes Klima. Die Temperatur der Unterwelt entspricht in der Regel der Jahresdurchschnittstemperatur außen.

Menschen sind seit jeher von Höhlen fasziniert. Schon unsere Vorfahren haben im Schutz der Dunkelheit gelebt und dort ihre Spuren hinterlassen: Steinzeitwerkzeuge und Höhlenmalereien. Aber auch erstaunlich viele Tierarten leben in Höhlen oder suchen dort gelegentlich Schutz. In Höhlen herrscht absolute Dunkelheit. Weil hier keine Pflanzen gedeihen, muss die Verpflegung von außen kommen. Pflanzenreste, die hineingeweht oder -gespült werden, tote Tiere sowie der Kot der höhlenbewohnenden Spezies bilden die heiß begehrte Grundlage der unterirdischen Nahrungskette.

▲ Der *Segeberger Höhlenkäfer* kommt nur an einem einzigen Ort auf der Welt vor: der Kalkberghöhle im norddeutschen Bad Segeberg. Er kann nicht fliegen und ist heller pigmentiert als seine oberirdischen Verwandten. Seine Augen sind sehr klein, die Fühler hingegen verlängert. Seine Nahrung, z.B. tote Fledermäuse, „erschnüffelt" er in der Finsternis.

▲ Als der *Europäische Grottenolm* im Jahre 1768 entdeckt wurde, hielt man ihn zunächst für ein Drachenjunges. Wegen seiner vollkommen pigmentlosen Haut nannte man ihn „Menschenfisch". Die Augen dieser Schwanzlurche sind komplett zurückgebildet. Dafür besitzen sie einen hervorragenden Geruchssinn und ein Seitenlinienorgan, mit dem sie selbst kleinste Wasserbewegungen ihrer Beute bemerken.

Unter Tage

Nicht alle Tierarten, die in Höhlen zu finden sind, verbringen ihr ganzes Leben dort. Manche geraten aus Versehen dorthin, etwa auf der Suche nach Nahrung oder auf der Flucht vor Feinden. Andere besiedeln die unterirdischen Lebensräume nur zur Paarungszeit oder nutzen sie als Winterquartier. In den tiefsten Tiefen aber leben die echten Höhlentiere als wahre Spezialisten. Ihre Körper haben sich im Laufe der Evolution* an die Finsternis angepasst. Besonders auffällige Merkmale sind die Farblosigkeit der Haut sowie das Fehlen von Augen. Ihre Tastorgane sind hingegen meist stark vergrößert.

Grottenolme können jahrelang fasten. Dank eines entsprechend langsamen Stoffwechsels beträgt ihre Lebenserwartung über 70 Jahre.

Ein Leben für den Tunnelbau

Neben den Bewohnern natürlicher Höhlen gibt es auch Lebewesen, die sich ihre unterirdischen Tunnelsysteme selbst schaffen. Manche Tierarten nutzen ihre kunstvoll oder technisch raffiniert angelegten Bauten lediglich für Ruhezeiten oder zur Aufzucht ihrer Jungen. Andere verbringen ihr gesamtes Leben in der künstlichen Unterwelt. Einige Baumeister nutzen ihre Anlagen ganz allein, während soziale Tierarten in Familienverbänden oder größeren Gruppen zusammenleben. Ganz wichtig sind mehrere Ein- und Ausgänge, damit die Bewohner notfalls flüchten können. Außerdem müssen die Anlagen gut belüftet sein und dürfen bei starkem Regen nicht sofort volllaufen.

Das hervorstechendste Merkmal des *Europäischen Maulwurfs* sind seine großen, rosigen und mit langen Krallen bewehrten Grabhände. Dank dieser hoch spezialisierten Schaufeln buddelt sich das beinahe blinde Tier mit bis zu sieben Metern pro Stunde durch das Erdreich. Während er auf Futtersuche durch die Gänge seiner Behausung flitzt, verputzt dieser Insektenfresser täglich die Hälfte seines eigenen Körpergewichts an Nahrung.

Regenwürmer überleben, wenn man wenige Segmente ihres Hinterleibs abtrennt. Es stimmt jedoch nicht, dass man sie vermehrt, indem man sie zerschneidet!

◀ Der *Gemeine Regenwurm* oder *Tauwurm* lebt nach einem ausgeprägten Tag-Nacht-Rhythmus. Das überwiegend nachtaktive Tier ist mit etwa 30 Zentimetern Körperlänge eine mittelgroße Art der sogenannten Wenigborster.

Das Fell des Maulwurfs besitzt keinen sogenannten Strich, es lässt sich also in alle Richtungen gleich gut streichen.

◄ Anders als der zu Unrecht als Schädling bezeichnete Maulwurf kann die Europäische Maulwurfsgrille für den Gärtner durchaus zur Plage werden. Neben Insekten und deren Larven* vertilgt sie auf ihren unterirdischen Streifzügen leider auch das eine oder andere Gemüse. Ihre surrenden Balzlaute erzeugt sie, indem sie eine Schrillkante ihrer Beine an einer Schrillfläche reibt.

Tiere in der Tiefsee

Mittels bunter Lichtsignale unterhalten sich manche Fische, Tintenfische und Quallen mit ihren Artgenossen oder täuschen ihre Feinde.

Mit dem Begriff Tiefsee werden Meeresbereiche unterhalb von 800 Metern bezeichnet, in die keinerlei Sonnenlicht vordringt. Der Großteil des Lebensraums Ozean liegt ständig in völliger Finsternis. Die tiefste Stelle aller sieben Weltmeere findet sich mit 11.000 Metern im pazifischen Marianengraben. Dort unten herrscht ein Wasserdruck von 1100 Bar. Außer an die Lichtlosigkeit müssen sich die Lebewesen dort also auch an den hohen Druck sowie an die Sauerstoffarmut des Wassers anpassen. Nur etwa ein Prozent dieses extremen Lebensraumes ist bisher wissenschaftlich erforscht.

Bunte Blitze in der Finsternis

In der Tiefsee leben viele Tierarten, die auch aus einem Science-Fiction-Film stammen könnten. Es schwimmen Fische umher mit riesigen oder gar keinen Augen. Ihre Zähne sind oftmals so lang, dass sie keinen Platz im Maul finden. Ihre Körper sind klein, unbeschuppt und manchmal mit Leuchtpunkten überzogen. Einige Tiefseefische ködern ihre Beute mithilfe beleuchteter Angelorgane.

▲ Dank einer chemischen Reaktion leuchtet die Kronenqualle von innen. Dieses Phänomen bezeichnet man als Biolumineszenz*.

Schwarze und weiße Raucher

An manchen Orten des Tiefsee-bodens strömen heiße (hydrother-male) Quellen aus dem Erdinne-ren in den Ozean. Sie führen eine Vielzahl von Mineralien aus tiefen Erdschichten mit sich, unter ande-rem auch Gold und andere Edel-metalle. Je nach der Farbe des hier austretenden, oft mehrere Hundert Grad heißen Wassers werden diese Stellen am Meeres-boden als „Black Smoker" oder „White Smoker" bezeichnet. Von den austretenden Mineralien er-nähren sich Bakterien, von ihnen wiederum höhere Lebewesen bis hin zu augenlosen Krebsen oder blutroten Röhrenwürmern. An die-sen Tiefseequellen existiert also eine vollständige, in sich geschlos-sene Nahrungskette, die nicht auf die Energie der Sonne angewie-sen ist.

Die Bartwürmer der Tiefsee fressen ihre Bakterien nicht einfach auf, sie lassen sich vielmehr von ihnen ernähren. Die Bakterien erhalten als Gegenleistung den lebensnotwendigen Sauerstoff. Bartwürmer und Bakterien leben also in einer echten Symbiose.*

▲ *Die meisten Bartwurmarten werden höchsten 75 Millimeter lang. In der Tiefsee kommen jedoch Exemplare vor, die eine Länge von drei Metern erreichen. Der Riesenbartwurm lebt in Tiefen von bis zu 10 Kilometern und ernährt sich von Schwefelbakterien. Diese wandeln in der totalen Finsternis die schwefelhaltigen „Abwässer" der Black Smoker in nutzbare Energie um.*

In der nach menschlichen Maßstäben lebensfeindlichen Umgebung der hydrothermalen Quellen leben auch noch einige Muschelarten wie etwa die *Ventmuschel* sowie mehrere Arten weißer, blinder Tiefseekrebse. All diese Lebewesen bilden gemeinsam ein vollkommen von der Energieversorgung durch die Black Smoker abhängiges Ökosystem.

Nicht alle Parasiten leben dauernd an oder in ihrem Wirt*. Weibliche Stechmücken beispielsweise saugen nur Blut, wenn sie Eier produzieren. Dabei können sie sehr gefährliche Endoparasiten übertragen. Das sind Parasiten, die nur in einem Wirt* lebensfähig sind.

Wie die Made im Speck: Tiere und Pflanzen, die sich dauerhaft von anderen Lebewesen ernähren, heißen Schmarotzer oder Parasiten. In der Regel werden die Wirte* durch ihre „Mitesser" nur geschwächt. Auch den Menschen kann eine größere Anzahl parasitisch lebender Tierarten befallen. Die meisten kommen überwiegend in südlichen Ländern vor. Manche Parasiten bemerken wir kaum, andere sind – wie zum Beispiel die Stechmücken – höchst lästig oder können uns sogar krank werden lassen.

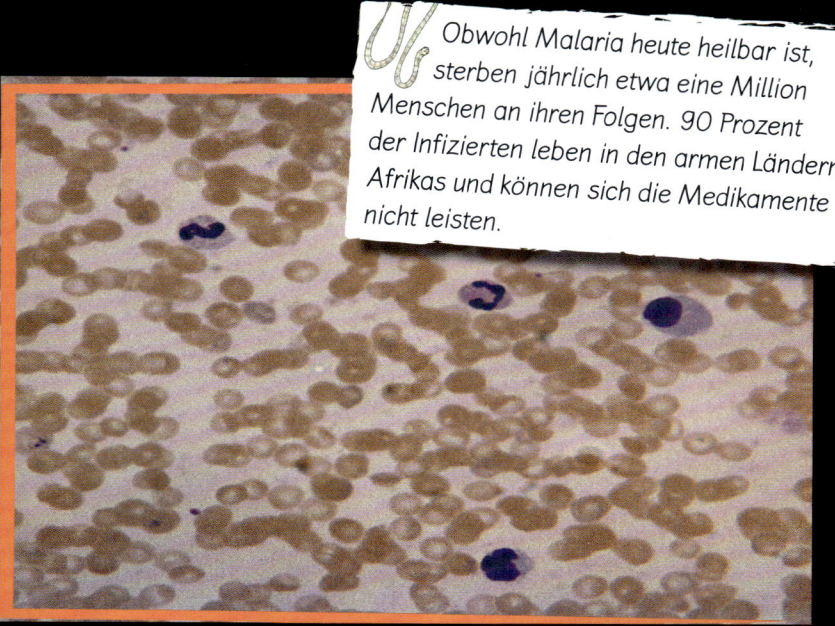

Obwohl Malaria heute heilbar ist, sterben jährlich etwa eine Million Menschen an ihren Folgen. 90 Prozent der Infizierten leben in den armen Ländern Afrikas und können sich die Medikamente nicht leisten.

▲ *Plasmodien* (Einzahl: Plasmodium) sind einzellige Parasiten aus der Gruppe der Sporentierchen. Sie leben in Vögeln, Reptilien und Säugetieren. Übertragen werden sie zumeist von Stechmücken. Sie ernähren sich im erwachsenen Stadium von den Blutzellen ihres Wirtes*. Auch der Erreger der lebensgefährlichen Malaria ist ein Plasmodium.

▲ Sehr gefährlich für den Menschen ist der Fuchsbandwurm. Dabei sind wir nicht mal die geeigneten Wirte* des mit drei Millimetern sehr kleinen Bandwurms. Werden wir jedoch – quasi aus Versehen – infiziert, kann sich seine Larve* im Gehirn oder anderen lebenswichtigen Organen ansiedeln und dort sehr groß werden. Wird dies zu spät erkannt, kann der befallene Mensch an dem fehlgeleiteten Parasitenbefall sterben.

Meister der Anpassung

Schmarotzer, die im Körper von anderen Tieren leben und sich von ihnen oder ihrer Nahrung ernähren, bezeichnen Biologen als Endoparasiten. Nicht selten werden sie von Blut saugenden Insekten (sogenannten Ektoparasiten) von einem Wirt* auf den anderen übertragen. Endoparasiten verbringen den Großteil ihres Lebens in völliger Dunkelheit mitten in einem anderen Organismus. Sie sind Meister der Anpassung an finstere, luftlose Lebensräume. Da sie durch ihren Wirt* mit allem Lebensnotwendigen versorgt werden, benötigen sie weder Augen noch andere Sinnesorgane.

▲ Wie viele Endoparasiten benötigt der *Große Leberegel* für seine Entwicklung zum erwachsenen Tier einen Zwischenwirt. In seinem Fall ist dies eine kleine Schnecke. In der Schnecke gereift, wird die Leberegel-Larve* ausgeschieden und heftet sich an Grünpflanzen fest, um von Nutztieren oder Rehen gefressen zu werden. Die ausgewachsenen Egel ernähren sich vom Lebergewebe ihres Wirtes*.

Die Planung jeder nächtlichen Exkursion* sollte am Tage erfolgen! Am besten erkundet man die geplante Wegstrecke vorab bei Sonnenschein. Auf diese Weise kann man Verstecke für die Tierbeobachtung auskundschaften. Junge Nachtforscher sollten sich nur in Begleitung ihrer Eltern auf den Weg machen. Ist alles vorbereitet und spielt auch das Wetter mit, kann es losgehen. Mit et-

was Geduld kann man dann am Feld- oder Waldrand die ersten heimischen Wildtiere erspähen. Für eine Exkursion* am Abend benötigt man eine entsprechende Ausrüstung. Auch wenn es am Tag sehr warm gewesen ist, kann die Nacht empfindlich kühl werden. Daher sollte der ausdauernde Jungwissenschaftler immer ausreichend warme Kleidung dabei haben.

Versteckt

Die einfachste Art, nachtaktive Tiere zu beobachten, ist aus einem Versteck heraus. Ein Zelt oder ein simpler Sichtschutz aus Baumzweigen reichen oftmals vollkommen aus, um sich effektiv zu tarnen.

Die Farbe des Zeltes spielt abends keine Rolle. Ohne Sonnenlicht sehen die meisten Tiere alle Gegenstände in Grautönen – nicht in ihren wirklichen Farben.

Du brauchst:

* warme Kleidung
* Thermosflasche mit Heißgetränk
* Proviant
* Taschen- oder Stirnlampe
* Fernglas
* Fotoapparat
* Mückenspray
* Tierfährtenbuch
* Notizbuch mit Stift
* Kompass

Abenteuer Nacht

Die warmen Frühlings- und Sommermonate erwecken unsere dämmerungs- und nachtaktive heimische Tierwelt zu neuem Leben. Die Nachtschwärmer unter den am Boden lebenden Säugetieren und Amphibien besiedeln viele verschiedene Lebensräume. Säugetiere verraten ihre Anwesenheit durch Fraß- und Trittspuren, Kothäufchen oder imposante Wohnstätten. Auch sind sie in der Dunkelheit meist eher zu hören und zu riechen als zu sehen. Die in der Dunkelheit an die Laichgewässer wandernden Amphibien entdeckt man mithilfe einer starken Taschenlampe auf Wegen oder am Straßenrand. Am Gewässer angelangt rufen die Männchen vieler Amphibienarten ganz charakteristisch und mitunter sehr laut. Bei einer abendlichen oder nächtlichen Entdeckertour müssen alle menschlichen Sinne auf Hochtouren arbeiten.

▲ Die Waldmaus ist, anders als es ihr Name vermuten ließe, auch in unseren Gärten und Parks verbreitet. Das possierliche Tierchen mit den großen Augen ist sehr scheu und gräbt gern tiefe Bauten mit Vorratskammern für den Winter.

Ein Nachtsichtgerät oder ein Nachtsicht-Fernglas verstärkt das Restlicht in der Dunkelheit und hilft kleinen und großen Entdeckern beim Beobachten der Geschöpfe der Dunkelheit im Mondschein.

▶ *Wildschweine* beobachtet man am sichersten von einem Hochsitz aus. Die Schwarzkittel sind nämlich sehr wehrhaft und reagieren manchmal aggressiv auf plötzliche Begegnungen mit Menschen. Dies jedoch eigentlich nur, wenn man ihrem Nachwuchs zu nahe kommt. Meistens flüchten sie vor dem Menschen und das mit einer bemerkenswerten Geschwindigkeit.

▶ Der Gesang der männlichen *Kreuzkröte* ist so durchdringend und laut, dass man ihn oft noch weit entfernt hören kann. Er erinnert an das Geräusch einer Ratsche und schallt zumeist aus nächtlichen Kiesgruben oder anderen frisch entstandenen Stillgewässern ohne viel Pflanzenwuchs. Kreuzkröten hüpfen nicht: Sie krabbeln wie Mäuse, weil ihre Hinterbeine zu kurz für weite Sprünge sind.

◀ Eine der schönsten europäischen Amphibienarten ist sicher der farbenprächtige *Bergmolch*. Besonders die Männchen sind während der Laichzeit leuchtend blau und orange gefärbt. Wenn man im Frühjahr an einem naturnahen Gewässer sitzt und die Wasseroberfläche im Auge behält, sieht man häufig Molche, die zum Atmen auftauchen.

Nachtaktiven Fluginsekten genügt das Licht von Mond und Sternen zur Orientierung. Das Licht von Straßenlaternen oder Flutlichtanlagen irritiert sie und zieht sie magisch an. Sie umrunden diese Lichtquellen stundenlang, oftmals bis zur völligen Erschöpfung.

Du brauchst:

* starke Taschenlampe oder Strahler
* weißes Bettlaken
* Seil
* durchsichtiger Sammelbehälter (z. B. Becherlupe)
* große, federnde Pinzette
* Fotoapparat mit Blitz

▼ Um nachtaktive Insekten näher zu betrachten, kann man sie in den Abend- und Nachtstunden mit einer Lichtquelle anlocken, die auf ein weißes Laken gerichtet ist. Das Licht zieht die Tiere an. Zur genaueren Beobachtung kann man die Insekten zum Beispiel in eine Becherlupe überführen.

▶ An feuchten Stellen unserer Parks und Gärten lebt der Braune Bär. Bei diesem Tier mit dem irreführenden Namen handelt es sich um einen Nachtfalter, der von Juli bis August unterwegs ist. Das auffällige Flügelmuster verwirrt seine Fressfeinde*. Die Raupe des Braunen Bären ist extrem lang behaart. Man findet sie auf ihren Futterpflanzen wie Himbeeren, Brombeeren, Weiden oder Ginster.

Einige Florfliegen können Ultraschall wahrnehmen und ihren Fressfeinden*, den Fledermäusen, aus dem Wege flattern.

▲ Die Florfliege wird aufgrund ihrer glänzenden Facettenaugen auch Goldauge genannt. Sie lebt nur etwa zwei Monate. Florfliegen und besonders ihre Larven* ernähren sich räuberisch: von großen Mengen Milben und Blattläusen, daher tragen sie auch den Spitznamen „Blattlauslöwe". Viele Obstbauern setzen sie gern bei der biologischen Schädlingsbekämpfung ein.

Nächtliche Nützlinge

Die artenreiche Gruppe der Insekten bevölkert nahezu alle Lebensräume der Erde – viele von ihnen haben auch die Nacht erobert. Ein einzelner Baum beherbergt eine Vielzahl an unterschiedlichen Arten. Ebenso bietet ein Gewässer einen idealen Platz für eine Forscherstunde. Im Frühsommer schlüpfen aus Puppen und Larven* die erwachsenen Tiere in allen Farben, Größen und Formen. Anhand von Fotos kann man Insekten, die man vor Ort nicht gleich zuordnen konnte, im Nachhinein bestimmen.

Gefangene Schmetterlinge, Falter und Motten werden nach der Betrachtung, Bestimmung und dem Fotografieren sofort wieder in die Freiheit entlassen!

Flinke Jäger

In trockenen und windstillen Sommernächten lohnt es sich, auf Fledermauspirsch zu gehen. Ob Park, See oder Wald: an unterschiedlichen Orten kann man sie entdecken und ihre akrobatischen Flugmanöver bewundern. Sonnenuntergang bis Mitternacht ist die beste Zeit hierfür. Dorfteiche mit Baumbewuchs eigenen sich hervorragend, um die Nachtjäger von einem sicheren Plätzchen aus beim Fressen und Trinken zu beobachten. Alle Fledermausarten stehen unter Naturschutz und dürfen nicht gestört werden. Taschenlampen, die mit roter Folie abgedunkelt wurden, leisten bei der Beobachtung gute Dienste.

▼ Die kleine, wendige Zwergfledermaus sucht ihre Beute zwischen Büschen und Bäumen am Waldrand oder auf Obstwiesen. Dabei verfolgt sie die Fluginsekten oft in einem spektakulären Zick-Zack-Flug. In der frühen Dämmerung sieht man den Flugkünstler auch durch die Straßen von Dörfern und Städten sausen.

Kranke Fledermäuse und andere Wildtiere bitte nicht mit bloßen Händen anfassen! Sie können gefährliche Krankheiten wie die Tollwut übertragen. Tierärzte und Tierschutzstationen wissen im richtigen Umgang mit diesen Tieren Rat.

▶ Der Große Abendsegler verlässt sein Quartier bereits am frühen Abend. Auf einer Fledermausexkursion kann man ihn als Erstes mit bloßem Auge hoch am Himmel entdecken. Er ist ein typischer Baumbewohner und so sind Parkanlagen, Waldränder oder größere Baumbestände gute Plätze, um den schnellen Flug dieser großen Fledermausart mit den schmalen Flügeln zu beobachten.

Glossar

Aas
Unter Aas versteht man die Überreste toter Tiere.

Allesfresser
Allesfresser sind Tiere, die sich sowohl von Pflanzen als auch von anderen Tieren ernähren.

Ästling
Ästlinge sind junge Vögel, die das elterliche Nest zwar bereits verlassen haben, aber noch nicht richtig fliegen können. Sie bleiben in der Nähe des Nestes, sitzen auf Ästen und lassen sich so lange von den Eltern versorgen bis sie sich eigenständig ernähren können.

Biolumineszenz
Biolumineszenz ist die Fähigkeit von Lebewesen, durch chemische Reaktionen in besonderen Organen selbst Licht zu erzeugen.

Echoortung
Bei der Echoortung werden zunächst Schallwellen ausgesandt. Das Echo dieser Schallwellen wird im Tierreich mithilfe spezialisierter Organe wieder eingefangen. So können zum Beispiel Fledermäuse die Größe, Lage und Geschwindigkeit von Hindernissen oder ihrer Beute bestimmen.

Evolution
Evolution ist der Prozess, in dessen Verlauf sich Tier- und Pflanzenarten über Jahrtausende und viele Generationen schrittweise an veränderte Umweltbedingungen anpassen. Mit der Zeit können dabei neue Arten entstehen und andere, schlechter angepasste, aussterben.

Exkursion
Eine wissenschaftlich geführte Wanderung oder Reise, auch Forschungsreise, nennt man Exkursion.

Extremität
Extremität ist ein anderes Wort für menschliche und tierische Körperanhänge wie Arme oder Beine.

Fleischfresser
Fleischfresser ernähren sich, im Gegensatz zu Pflanzenfressern, fast ausschließlich von Fleisch.

Fressfeind
Ein Fressfeind oder Prädator frisst andere, noch lebende Tiere oder zumindest Teile von ihnen. Letztere bezeichnet man als Beute.

Grubenorgan
Das Grubenorgan ist ein Sinnesorgan, mit dem bestimmte Schlangen Infrarotstrahlen wahrnehmen. Es ermöglicht ihnen, die Körperwärme von Beutetieren zu erspüren und somit auch bei völliger Dunkelheit zu jagen.

Kaulquappe
So nennt man die zumeist frei schwimmende Larve von Froschlurchen.

Larve
Die Larve ist eine Zwischenform in der Wachstumsphase mancher Tierarten auf dem Weg vom Ei zum Erwachsenenstadium (zur Imago). Einige Tierarten wie der Aal durchleben mehrere recht unterschiedliche Larvenstadien.

Ökologische Nische
Die Ökologische Nische ist die Rolle einer Tierart innerhalb eines Ökosystems, also sozusagen der Beruf des Tieres in seinem Lebensraum und im Verhältnis zu seinen Mitbewohnern. Die Putzerfische der Korallenriffe besetzen zum Beispiel eine sehr spezielle Ökologische Nische.

Plankton

Plankton besteht aus überwiegend kleinen Pflanzen und Tieren, die sich im Wasser treiben lassen und so ausschließlich mit der Strömung schwimmen.

Sinneszellen

Sinneszellen nehmen äußere Reize wahr, wandeln sie in elektrische Signale um und leiten diese über das Nervensystem an das Gehirn zur Verarbeitung weiter. Beispiele hierfür sind die Riechzellen in der Nasenschleimhaut, Tastsinnesorgane auf der Haut oder die Geschmacksknospen auf der Zunge.

Symbiose

Symbiose bezeichnet das Zusammenleben unterschiedlicher Lebensformen, wenn beide Partner daraus Vorteile ziehen. Mitunter entsteht hierbei eine starke Abhängigkeit wie im Falle der Flechten, die aus bestimmten Pilzen und Algen bestehen. Beide Arten können jeweils nur gemeinsam existieren.

Ultraschallwellen

Ultraschallaute entstehen durch sehr hohe Töne, die zum Beispiel Fledermäuse oder Wale zur Orientierung abgeben und die der Mensch nicht wahrnehmen kann. Aus dem Echo der ausgesandten Töne bildet das Gehirn der Wale und Fledertiere ein räumliches Bild der Umgebung (siehe Echoortung).

Vibrissen

Mithilfe ihrer auch als Vibrissen bezeichneten Tasthaare nehmen Säugetiere Druck, Berührung und Bewegungen sowie leichte Luftbewegungen, wahr. Manche Säuger besitzen solche Tasthaare am ganzen Körper, die meisten jedoch nur im Kopfbereich.

Wirt

Als Wirt bezeichnet man ein Lebewesen, das außer sich selbst auch noch einen oder mehrere andere Organismen mit lebensnotwendigen Nährstoffen versorgt. Zieht der Wirt daraus einen andauernden Vorteil, so bezeichnet man die Beziehung als Symbiose. Andernfalls handelt es sich um Parasitismus.

Bildnachweis